Made in the USA
Monee, IL
16 June 2022

98121016R00069